SCHNITZELJAGD KINDERGEBURTSTAG

HÄUPTLINGSSOHN KOWI AUF GROßER ABENTEUERREISE

FÜR EINE AUFREGENDE SCHATZSUCHE AM KINDERGEBURTSTAG

DAS ALL-IN-ONE SCHNITZELJAGD KOMPLETTPAKET

Emma Binder

Vorwort

> "Eine Mama fragt nicht nach dem Sinn des Lebens - sie schaut einfach ihren Kindern in die Augen"

Ich bin leidenschaftliche "Vollblut" Mutter von drei aufgeweckten Kindern im Alter zwischen 3-7 Jahren.

Um meinen Kindern und deren Freunden einen unvergesslichen Kindergeburtstag bescheren zu können, entwickelte ich mein eigenes Konzept für ausgefallene und tierisch witzige Schatzsuchen und Schnitzeljagden für Kinder.

Denn getreu nach dem oben genannten Motto gibt es doch nichts Schöneres, als seine Kinder glücklich und zufrieden beim Geburtstag feiern zu sehen.

Dies habe ich mir zu Herzen genommen, um anderen Familien dabei zu helfen, mit tollen Schatzsuchen einen unvergesslichen Kindergeburtstag zu veranstalten.

Bei Fragen zu einzelnen Punkten stehe ich dir kostenlos via E-Mail mit Rat und Tat zur Seite

Liebe Grüße

Deine Emma

Inhaltsverzeichnis

Hinweise zum Spiel 4

Geschichte zur Einführung 7

Station 1 Das Spurenlesen 8

Station 2 Jäger und Sammler 11

Station 3 Geschicklichkeit 15

Station 4 Das Schießen 18

Station 5 Indianerschmuck und Kriegsbemalung 20

Station 6 Der Fliegen-Wettlauf 29

Station 7 Der Schatz 33

Bonus Die perfekte Party 36

Dein persönliches Onlinecoaching 39

Hinweise zum Spiel

Herzlich Willkommen zu meiner Schnitzeljagd Zu Beginn möchte ich einige allgemeine Hinweise mit auf den Weg geben:

Vorbereitungen:

*In Vorbereitung auf den Kindergeburtstag habe ich dir eine Vorlage für **Einladungskarten** erstellt Diese findest du unter dem folgenden QR-Code:*

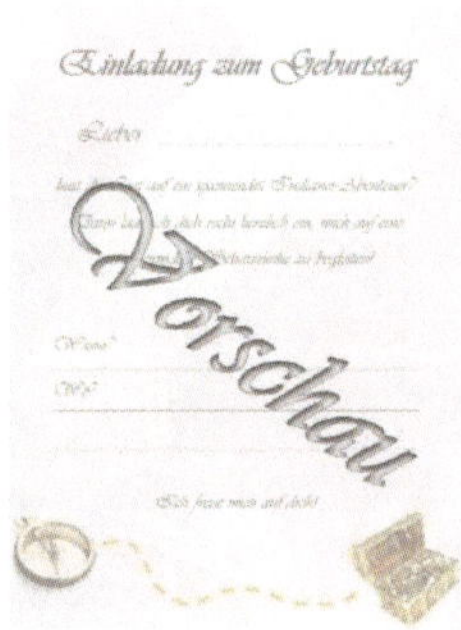

Beachte, dass du die Einladungskarten mit ausreichend zeitlichem Vorlauf verteilst Dies sollte ungefähr 1 bis 2 Wochen vor der Feier erfolgen Du kannst auch gern um eine entsprechende Rückmeldung bitten Dies bietet dir Planungssicherheit wie viel Kinder zu betreuen und zu versorgen sind.

*Das Spiel besteht aus insgesamt 7 **Stationen** Als Faustregel gilt, dass die Schnitzeljagd ungefähr 40, jedoch nicht mehr als 60 Minuten andauern sollte. Zu diesen Stationen wurden Schildchen vorbereitet Diese findest du ebenfalls unter folgendem QR-Code:*

Die einzelnen Stationen sind jeweils durch folgende Erkennungsmerkmale gekennzeichnet:

Station 1 - Der Bär
Station 2 - Der Waschbär
Station 3 - Der Fuchs
Station 4 - Der Affe
Station 5 - Das Chamäleon
Station 6 - Der Tiger
Station 7 - Der Schatz

Schneide diese Schilder aus und klebe sie entweder auf ein geeignetes Stück Pappe oder ein kleines Brett, welches du mit einem Stiel bestückst und im Boden fixierst Du kannst das Schild natürlich auch um einen Baum oder ein Spielgerät befestigen Wichtig ist, dass dieses durch die Kinder gut erkennbar ist

Mithilfe dieser Kennzeichnungen werden die Kinder der Reihe nach zu den einzelnen Aufgaben geführt, bis sie schließlich den Schatz erreichen.

Bei einigen Stationen werden noch ein paar weitere Materialien und Vorbereitungen benötigt Gern kannst du die beigefügte **Checkliste** für diese Vorbereitungen nutzen. Du kannst sie unter dem nächsten QR-Code aufrufen:

Informationen zum Spielablauf:

Lies vor Beginn der Schatzsuche die kleine Einführungsgeschichte vor und händige anschließend die Schatzkarte aus Auf dieser sind die einzelnen Erkennungsmerkmale der Stationen vermerkt Diese dient zur Orientierung, wonach als nächstes gesucht wird. Nach Belieben kann mit einem kräftigen Faserstift abgehakt werden, welche Station bereits erfolgreich absolviert wurde. Die Schatzkarte findest du ebenfalls unter diesem QR-Code:

An jeder Station hat Kowi kurze Hinweise und Erklärungen hinterlassen Diese findest du auf der Seite der jeweiligen Stationen Lies diesen Brief den Kindern vor Für dich als Koordinator stehen weitere Hintergrundinformationen, Informationen zu den einzelnen Vorgehensweisen und benötigten Materialien sowie Ratschläge zur Verfügung.

Allgemeine Hinweise zu den einzelnen Stationen:

Hier findest du die genauen Beschreibungen, was zu tun ist Alle relevanten Vorlagen findest du unter den jeweiligen Stationen sowie unter dem jeweils angegebenen QR-Code.

Geschichte zur Einführung

Der kleine Kowi ist der Sohn des großen Häuptlings Attakullakulla und der Jüngste seines Stammes Er liebt es, sich im Freien auszutoben und Herausforderungen anzunehmen, gäbe es da nur nicht ein Problem:

Die Stammesmitglieder fürchten, dass sich der kleine Kowi verlaufen oder sogar verletzen könnte Kowi hat es satt, immer nur zu hören, was er nicht tun darf Er ist schließlich kein kleines Kind mehr Daher entscheidet er sich, seinen ganz eigenen Stamm zu gründen Dort ist er der Häuptling und er wird den anderen keine Verbote erteilen Denn Kowi möchte Spaß haben, er möchte tanzen, spielen und lachen!

Nun sucht Kowi die klügsten und stärksten Mitglieder für seinen Stamm Dafür hat er ein paar Aufgaben vorbereitet, die euer Können unter Beweis stellen werden und euch zu wahren Indianern heranwachsen lassen Habt ihr den Mut euch dieser Aufgaben zu stellen?

Station 1
Das Spurenlesen

Begebt euch nun zu eurer ersten Aufgabe Diese ist durch einen großen Bären gekennzeichnet. Könnt ihr ihn finden?

Kowi hat euch dort einen Brief hinterlassen, in dem er euch erklärt was zu tun ist:

Herzlichen Glückwunsch, ihr habt die erste Station gefunden Ich freue mich, dass ihr alle Mitglieder meines Stammes werden wollt. Habt ihr eine Idee, wofür der Bär steht? Genau, für seine unverwechselbaren Spuren, die er hinterlässt Nun liegt es an euch: Ein echter Indianer kennt sich in der Natur aus, denn er findet dort seine Nahrung, baut Behausungen und schützt sich vor wilden Tieren Dafür muss er verschiedene Gegenstände blind erkennen können. Ich habe euch eine kleine Schachtel vorbereitet. Steckt nun der Reihe nach eure Hände in die vorhandenen Öffnungen und erstastet jeweils einen Gegenstand, den ich dort platziert habe. Viel Erfolg beim Rätseln!

Was wird benötigt?

- ✓ 1 Karton, etwa in Größe eines Schuhkartons
- ✓ 1 leichtes, undurchsichtiges Tuch

Tipp - Einen Karton kann man in Lebensmittelgeschäften, Schuhläden oder auch in den meisten Werkstätten kostenfrei erhalten.

Aufbau:

In den Karton wird jeweils rechts und links ein Loch geschnitten, sodass die Kinderhände mühelos hindurch passen. Für jedes Kind wird ein Gegenstand in den Karton gelegt.

Hierfür einige Beispiele:

Blatt

Ei (ausgeblasen)

Feder

Getreide (je nach Jahreszeit)

Kastanie

Moos

Nuss (Hasel-/Walnuss)

Rinde

Stein

Stock

Tannenzapfen/-Zweig

Vorgehensweise:

Der Karton wird nun mit einem Tuch (zB einem Handtuch) verdeckt. Jedes Kind darf nach und nach in den Karton greifen und rätseln, was es fühlt. Der erratene Gegenstand wird dann der Schachtel entnommen.

Hinweise:

- ✓ *Jedes Kind sollte die Station erfolgreich absolvieren, um Frust und Konkurrenz zu vermeiden!*
- ✓ *Der Spaß steht an erster Stelle.*
- ✓ *Wird ein Gegenstand nicht erkannt, können Tipps gegeben werden oder in der Gruppe gerätselt werden.*
- ✓ *Vorsicht: Giftige Pflanzen oder Gegenstände, bei denen eine Verletzungsgefahr besteht (zB aufgrund von spitzen Dornen oder scharfen Kanten) sind unbedingt zu vermeiden.*

Station 2
Jäger und Sammler

Prima, ihr habt die erste Aufgabe erfolgreich gemeistert Also startet gleich durch in eure nächste Herausforderung Diese erkennt ihr an einem Waschbären Schaut euch in Ruhe um, könnt ihr ihn entdecken?

Auch hier hat euch Kowi wieder einen Brief hinterlassen:

> Ihr habt bereits wahres Talent bewiesen Nun ist es an der Zeit, die Schwierigkeit etwas zu steigern.
>
> Neben dem Tasten muss ein Indianer gute Augen beweisen Denn viele Gegenstände, Tiere und Pflanzen sind gar nicht so leicht zu entdecken.
>
> Ich habe euch wieder eine kleine Schachtel vorbereitet Ihr seht darin eine Reihe von Farben und Abbildungen. Schaut euch in Ruhe um, könnte ihr in der Natur etwas finden, was genau so aussieht?
>
> Ich bin gespannt, wie viele Entdeckungen ihr macht.
>
> Viel Erfolg!

Was wird benötigt?

- ✓ Eine Eierschachtel (diese kann ruhig bunt bemalt oder beklebt sein)
- ✓ Die beigefügte Farb-/ Symbolpalette

Vorgehensweise:

1. Aus der Farbpalette und den Tiervorlagen werden insgesamt 10 Möglichkeiten ausgesucht und ausgeschnitten.
2. Diese Plättchen werden nun in die Eierschachtel verteilt.
3. Ziel ist es, zu jedem Plättchen eine Pflanze, einen Gegenstand oder ein Tier zu finden Hier folgen einige Beispiele (diese können je nach Jahreszeit variieren und sollten daher im Vorfeld individuell ausgesucht werden):

Hier kommen ein paar ausgewählte Möglichkeiten:

Klee, Flieder, Gänseblümchen,	
Blumen (Löwenzahn, Sonnenblume usw)	
Blätter (im Herbst), Backsteine auf einem Weg	
Mohn, Blumen, Blätter (im Herbst), Marienkäfer (dem Tier zuliebe sollte auch dieses nur begutachtet werden)	
Klee, Flieder, Beeren	
Blaubeeren, Kornblume, wilde Stiefmütterchen	
Gras, Moos, Blätter	
Getreide, Sand, Feder	
Rinde, Nüsse, vertrocknete Blätter	
Feder, Steinchen	
Steinchen, Feder	

Ameisen 	
Eichhörnchen 	Schlange 
Frösche 	Schwäne/ Enten 
Käfer 	Vögel 

Hinweise:

1. Entscheidet man sich für die Suche nach Tieren, sollte vorher klargestellt werden, dass diese natürlich nicht in der Schachtel aufbewahrt werden Optimalerweise werden diese nur beobachtet Für diesen Fall kann man einen festgelegten Gegenstand, zB ein Cent Stück in die Schachtel legen und diese Kategorie als „gelöst“ kennzeichnen.
2. Vorsicht auch vor giftigen Pflanzen, diese bitte ebenfalls nicht anfassen, sondern als „gelöst“ markieren.
3. Sollten Beeren zur Lösung eingesetzt werden, sollte darauf geachtet werden, dass diese nicht zum Verzehr geeignet sind Aufgrund Verunreinigungen usw können diese Krankheitserreger verbreiten.

Im Anschluss bitte auf gründliche Händereinigung achten!

Station 3
Geschicklichkeit

Auch diese Aufgabe habt ihr toll gemeistert Also kommen wir nun zur nächsten Aufgabe Diese ist durch einen Fuchs gekennzeichnet. Habt ihr eine Idee, worum es bei dieser Aufgabe geht?

Kowi hat euch eine kurze Anleitung hinterlassen Diese findet ihr an der nächsten Station.

Wie ich erfahren habe, habt ihr eure Aufgaben prima absolviert, ihr seid wahre Naturexperten! Ich bin sehr stolz auf euch und hoffe, ihr habt noch Reserven, denn nun möchte ich vollen Körpereinsatz sehen.

Neben den Grundfertigkeiten muss ein Indianer vor allem schnell sein Er muss sich unauffällig und ausdauernd anpirschen Auch hierfür habe ich eine Übung vorbereitet, bei der ihr eure Fähigkeiten beweisen sollt.

Was ihr zu tun habt? Vor euch seht ihr Abbildungen Versucht diese so schnell wie möglich mit der richtigen Hand bzw dem richtigen Fuß zu berühren.

Viel Erfolg!

Was wird benötigt?

- ✓ *Klebeband (oder Malerkrepp)*
- ✓ *Kreide*
- ✓ *Ausgedruckte Schablonen*

Vorgehensweise:

Schneide die abgebildeten Hände und Füße aus Diese stellen deine Schablonen dar.

Jeweils drei Bilder werden nun in eine Reihe gebracht und auf einen festen Untergrund (Straße, Fußweg oä) übertragen Hier folgen einige Varianten, die gern genutzt werden dürfen:

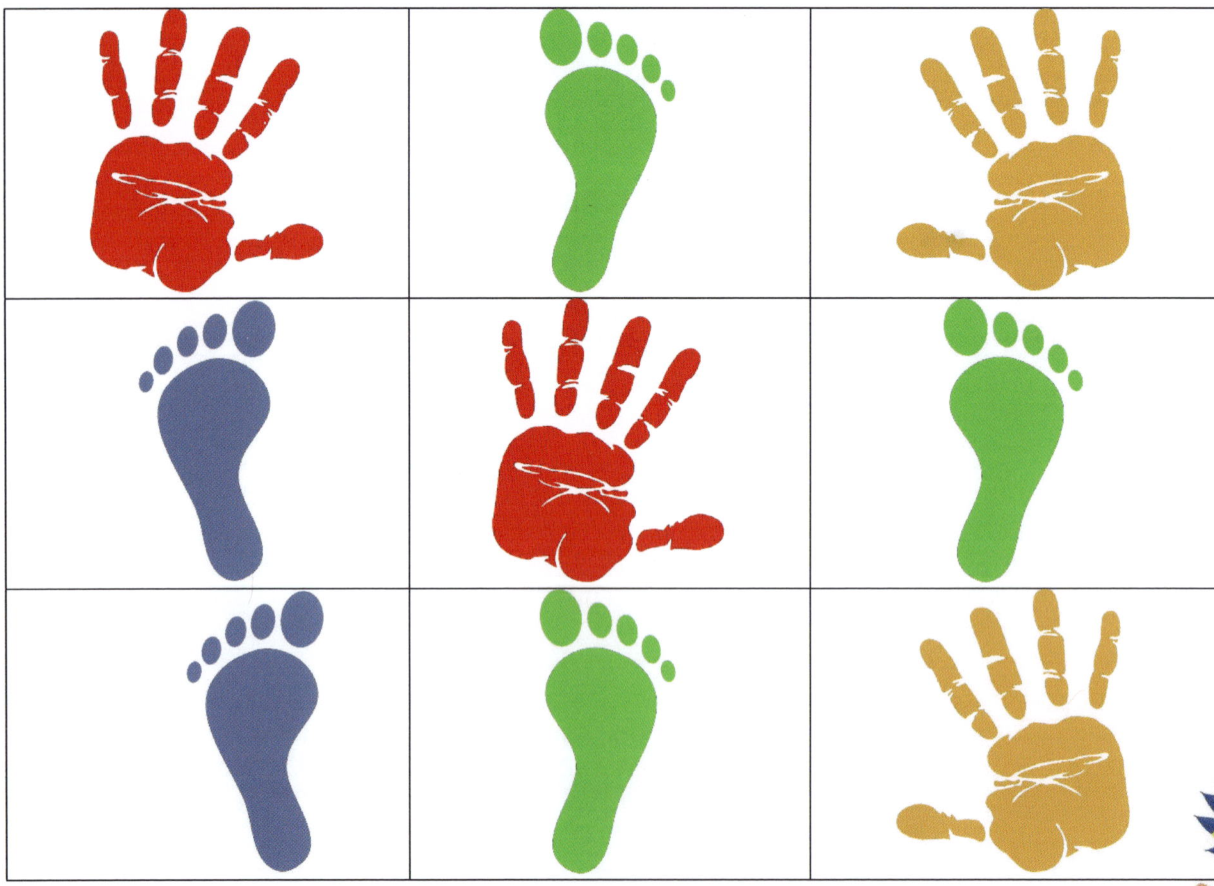

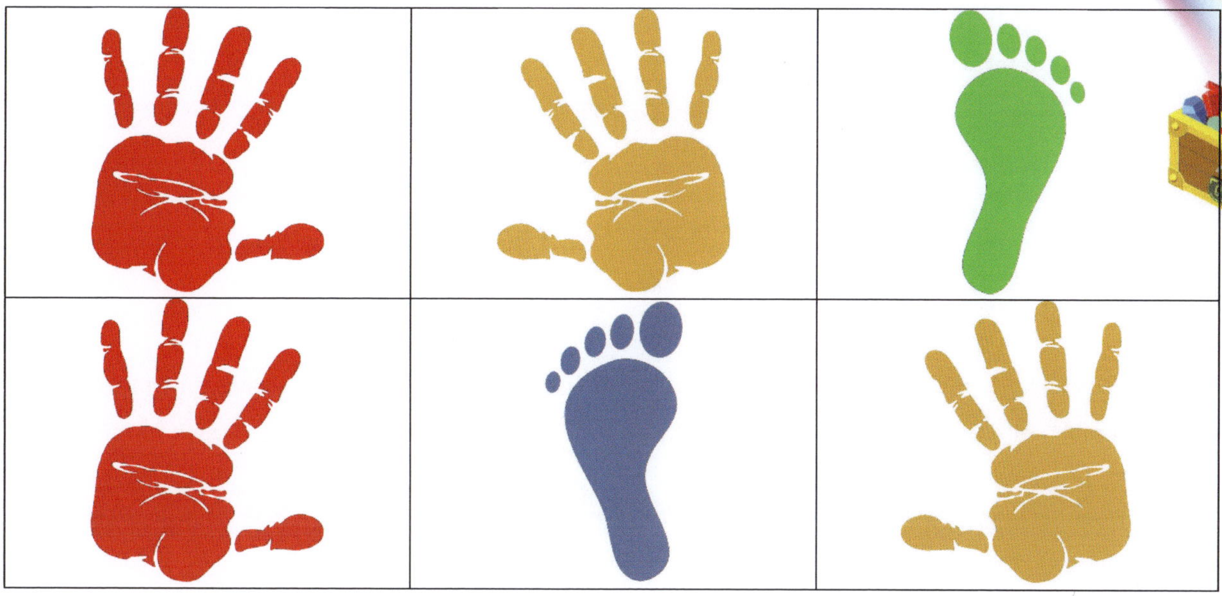

Hinweise:

1. *Hier ist Konzentration gefragt, daher empfehle ich für den Parcours 5 bis 10 Reihen zu verwenden Diese Übung sollte nicht zu lang ausfallen, um die Kinder nicht zu überfordern oder zu frustrieren Es darf auch ein Auge zugedrückt werden, sollte den Kindern ein Fehler unterlaufen An dieser Stelle darf gern geholfen oder nochmal korrigiert werden.*
2. *Sollten der Parcours auf einer Straße oder einem Gehweg vorbereitet werden, steht die Sicherheit an oberster Stelle Bitte führe diese Station an keiner vielbefahrenen oder unübersichtlichen Straße aus.*

Station 4
Das Schießen

Toll, wie ihr eure Sache meistert. Nur noch wenige Aufgaben, dann dürft ihr eueren wohl verdienten Schatz erobern Also lasst uns keine Zeit verlieren.

Begebt euch auf direktem Weg zur nächsten Station Diese ist durch einen Affen gekennzeichnet Auch dort findet ihr wieder einen Gruß von Kowi.

Ich habe bereits erfahren mit wie viel Geschick ihr euch durch die letzte Aufgabe gekämpft habt Ihr seid ein super Team Ich freue mich, euch bald in meinen Stamm aufnehmen zu können.

Bis dahin gibt es allerdings noch eine weitere Kleinigkeit zu überprüfen Könnt ihr erraten, was noch fehlt?

Genau, die Königsdisziplin kommt nun - das Schießen.

Vor euch seht ihr einen Turm aus Büchsen Wie viel Anläufe benötigt ihr, um diesen vollständig zum Kippen zu bringen? Ich bin gespannt!

Was wird benötigt?

- ✓ 6 Büchsen
- ✓ 3 Bälle oder 3 mit Sand gefüllte Luftballons
- ✓ Eine waagerechte Oberfläche als Untergrund für die Büchsen

Vorgehensweise:

1. Zunächst wird die waagerechte Oberfläche vorbereitet Besteht nicht die Möglichkeit ein kleines Tischchen, eine Kiste oä zu platzieren, kann auch ein Brett auf einer Erhöhung angebracht werden Dies kann beispielsweise zwischen 2 Baumstümpfen oder großen Steinen erfolgen
2. Nun werden die Büchsen darüber wie folgt platziert:

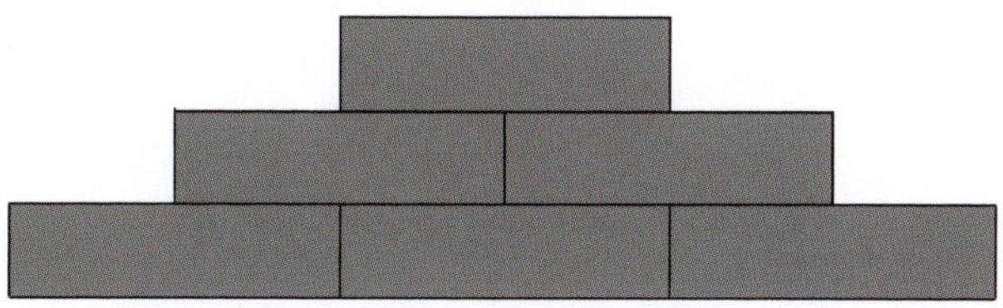

3. Zum Abschießen werden entweder Bälle verwendet oder Luftballons mit Sand befüllt Damit die Luftballons nicht mehr so sehr unter Spannung stehen, können diese kurz mit Luft befüllt werden Dies dehnt den Luftballon, sodass dieser sich leichter befüllen lässt Nun kann man feinen Sand in eine Flasche füllen Über die Öffnung wird der Luftballon gestülpt, die Flasche mit dem Boden nach oben ausgerichtet, sodass der Sand ungehindert in den Ballon gleitet und anschließend der Ballon mittels Knoten verschlossen.

Station 5
Indianerschmuck und Kriegsbemalung

Kommen wir nun zur vorletzten Aufgabe Anders, als bei den vorherigen Stationen, müsst ihr hierbei nichts beweisen, sondern dürft euch nach aller Fantasie austoben.

Seid ihr schon gespannt, worum es geht?

Dann sucht nach dem Chamäleon und lasst euch von Kowi alles genau erklären!

> Wie ich sehe, habt ihr alle Aufgaben mit Bravour gemeistert Nun habt ihr euch eine kleine Pause verdient Dies bedeutet aber nicht, dass ich keine Aufgabe mehr für euch habe.
>
> Ein Indianer liebt es sich zu schmücken und zu bemalen Dies ist nun genau das, was ihr zu tun habt Dekoriert euch mit Perlenschmuck und Federn und lasst euch mit bunten Motiven verzieren.
>
> Ich wünsche euch ganz viel Spaß bei dieser Aufgabe und bin gespannt, was ihr euch einfallen lasst!

Was wird benötigt?

- ✓ Die Kriegsbemalung: Kinderschminke
- ✓ Der Perlenschmuck: Papierperlen
- ✓ Schnur

- ✓ Kopfbedeckung: Papierkranz
- ✓ Kleber
- ✓ Papierfedern (buntes Papier)

Vorgehensweise:

Ziel ist es, die Kinder mit Perlen, Federn und einer kleinen Gesichtsbemalung zu dekorieren.

1. Für die Perlen werden die vorbereiteten Formen ausgeschnitten, um einen kleinen Holzstab gewickelt und mit Klebstoff fixiert.
2. Die Perlen werden nun in einer Schachtel ausgelegt, sodass jedes Kind frei wählen kann, welche es auffädeln möchte.
3. Die Federn dienen der Kopfbedeckung:
4. Der Kiel wird mittels eines diagonal eingerollten Blattes stabilisiert.
5. Die Fahne wird ausgeschnitten und mit der Rückseite an dem Stiel befestigt.
6. Die Federn werden an einem individuellen Stirnband befestigt Im Folgenden sind alle Vorlagen vorbereitet.

Die Kriegsbemalung erfolgt mit der Schminke Diese ist in jeder Drogerie oder über das Internet erhältlich Im Folgenden sind einige Schablonen eingefügt, die gern verwendet werden dürfen.

Nun folgen ein paar mögliche Ideen, wie ihr die kleinen Indianer bemalen könnt:

Klassische Linienführungen

Diese bedecken einzelne Gesichtspartien, wie Auge, Wange oder Nase.
Auch Kombinationen können dabei nach Belieben genutzt werden, zB parallele Streifen mit dazwischen liegenden Kreisen oder Wellenlinien.

Klassische Motive

Die Feder

Das Tipi

Der Kaktus

Der Pfeil

Der Diamant/ Der Schatz

Kleine Landschaften

Tiermotive

Der Vogel

Die Fledermaus

Der Bär

Der Biber

Die Biene

Solltest du jetzt in eine Schockstarre verfallen sein, so kann ich dich beruhigen:

Du musst natürlich kein ausgebildeter Künstler sein, um die Kinder zu bemalen Suche dir leichte Motive aus, teste sie am besten zuvor auf einem Blatt Papier.

Kennst du den Begriff „Doodeln“?
Wahrscheinlich eher nicht, aber du hast sicher schon einmal während eines Telefonats oder einer Zeit des Wartens auf einem Blatt Papier Motive skizziert, die dir gerade in den Sinn gekommen sind Das kannst du auch hierbei nutzen.

Wie du siehst, habe ich keine Meisterwerke verwendet, um dir die Motive zu verdeutlichen Genauso wenig sollst du einen Monet oder Dürer auf die Haut der Kinder zeichnen Sie erfreuen sich an bunten und abwechslungsreichen Motiven Also kannst du beruhigt loslegen.

Während du jeweils ein Kind anmalst, kannst du die anderen mit Bastelarbeiten beschäftigen Achte jedoch darauf, dass du nicht zu viel Zeit pro Kind benötigst, denn der Rest ist sonst schnell gelangweilt.

Nun zu der Bastelarbeit:

1. Die Perlen

Hast du als Kind schon einmal Perlen selbst gestaltet?
Dies geht ganz einfach.

Vorgehensweise:

1. Nutze bunte Zeitschriften oder Zeitungen Am besten du sammelst diese bereits die ein oder andere Woche im Voraus, denn dann kannst du wählen, welche Seiten sich gut eignen.
2. Nun schneidest du die Grundform der einzelnen Perlen aus und umwickelst mit ihnen einen Zahnstocher oder Strohhalm An den jeweils gestreiften Stellen wird Kleber verwendet - einmal am Anfang und einmal am Ende.

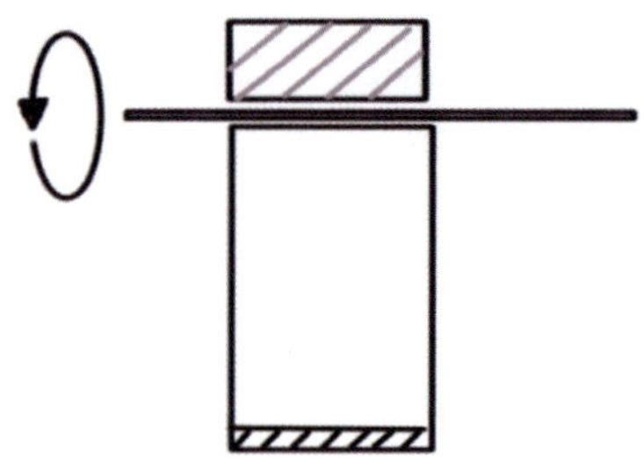

Die Grundform deiner Perlen bestimmt die spätere Optik Am besten ist es, du bereitest von jeder Form ausreichend Exemplare vor:

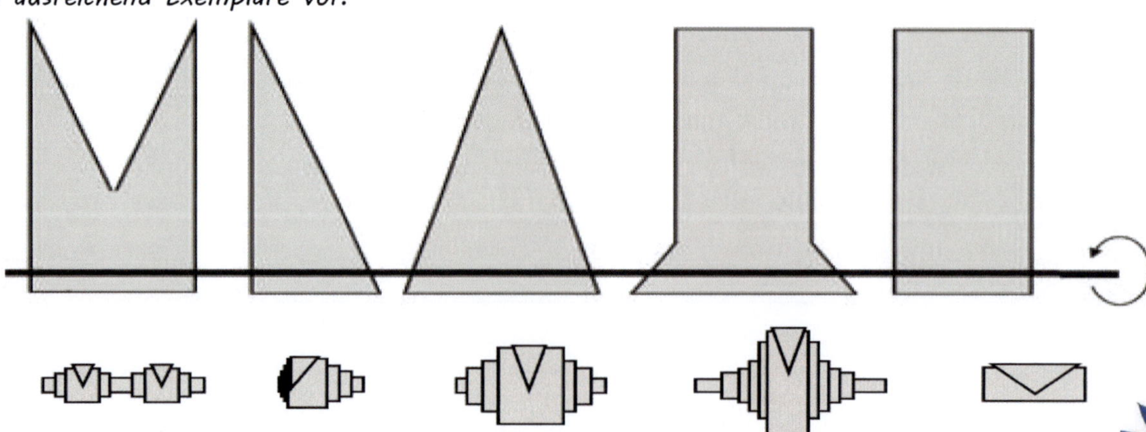

2. Der Kopfschmuck

Der Kopfschmuck besteht im Grunde aus zwei Bestandteilen:

Die Federn
Der Kranz

Herstellung der Federn:

Für die Herstellung des. Federkiels wird ein Blatt Papier verwendet Dieses sollte ungefähr Größe A5 besitzen Angefangen an einer Ecke, wird das Blatt so schmal wie möglich über die Diagonale gerollt. 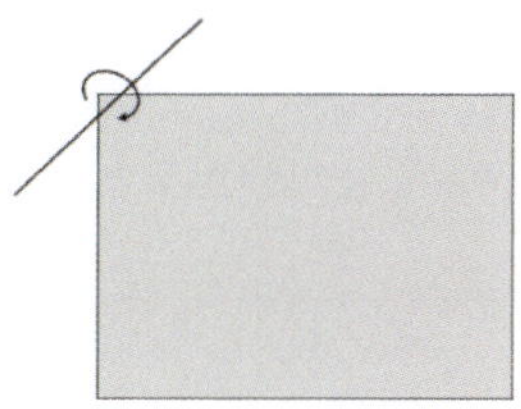	Nun wird die Feder anhand der Vorlagen ausgeschnitten. 
Die Feder und der Kiel werden nun zusammengeklebt. 	Anschließend werden die Federn an dem Kranz befestigt. 

Der Kranz:

Der durchschnittliche Kopfumfang bei Kindern zwischen 3 und 6 Jahren beträgt ungefähr 50 bis 54 cm Dieses sollte bei der Wahl des Kranzes berücksichtigt werden.

Entweder wird der Kranz aus zwei Abschnitten zusammengefügt oder man hat ein ausreichend großes Blatt mit bunten Mustern zur Verfügung.

Da wir jedoch auch die Kosten im Blick behalten möchten, kann dieser Kranz wie folgt zu einem Stück zusammengeklebt werden:

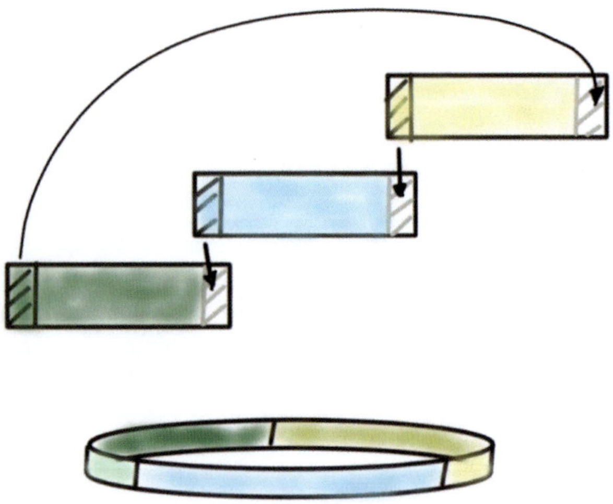

Übersichtshalber sind die einzelnen Bestandteile in unterschiedlichen Farben dargestellt Welche Farbe der Kranz tatsächlich besitzen soll, kann später natürlich frei ausgewählt werden.

Wichtig ist, dass der Umfang am Ende gut sitzt Um sich unnötiges Messen zu ersparen, kann eine Öffnung zunächst frei bleiben Das ganze Gebilde wird einmal am Kopf des Kindes angelegt und die Maße angehalten Danach wird es an dieser Stelle, wie beschrieben zusammen geklebt.

Weiterführende Bastelideen:

1. Die Trommel:

Was wird benötigt?

- ✓ *Je 1 Blumentopf aus Keramik*
- ✓ *Back-/ oder Pergamentpapier*
- ✓ *Band*
- ✓ *Dekorationselemente (Perlen, Federn, usw)*
- ✓ *Optional: Acrylfarbe*

Vorgehensweise

1. *Zunächst wird der Blumentopf bunt angezeichnet.*
2. *Das Backpapier wird großzügig im Kreis ausgeschnitten (Tipp: hierfür eignet sich ein Zirkel oder ein kleinerer Topfdeckel).*
3. *Dieses Papier wird nun mittels einer Schnur so fest wie möglich verknotet.*
4. *Die Enden der Schnur werden schließlich noch je nach Belieben mit Perlen oä verziert.*

2. Der Marterpfahl

Was wird benötigt?

- ✓ Unterschiedlich große Kartons
- ✓ Geschenkpapier/ Packpapier
- ✓ (Acryl-)Farben

Vorgehensweise

1. An der Größe der Kartons entscheidet sich, ob der Marterpfahl später als Dekoration für die Party genutzt wird, dann sollten diese etwas größer ausfallen, oder als kleine Souvenirs zum Mitnehmen dienen, dann genügen kleinere Schachteln.
2. Diese werden zunächst fest verschlossen und danach mit dem Papier umhüllt.
3. Das Papier kann nun nach Belieben mit Mustern und Farben verziert werden.

Station 6
Der Fliegen-Wettlauf

Nun sind wir beinahe am Ziel angelangt. Begebt euch zu eurer vorletzten Aufgabe Sie ist durch einen Tiger gekennzeichnet.

Kowi hat euch dort einen Zettel hinterlassen. Hört gut zu und befolgt wieder seinen Anweisungen.

Willkommen bei der nächsten Aufgabe Ich freue mich, dass ihr so viel Ausdauer beweist und alle meine Stationen so toll umgesetzt habt. An dieser Stelle möchte ich noch einmal euern Ehrgeiz wecken Sucht euch eine bunte Fliege aus und zieht im Wechsel rechts und links an der Schnur Dadurch bewegt sich die Fliege bis zum oberen Ende. Ziel ist es, dass alle Fliegen oben ankommen Ihr dürft euch gern gegenseitig unterstützen und anfeuern. Wichtig ist, dass ihr gemeinsam diese Aufgabe bewältigt. Viel Spaß!

Was wird benötigt?

- ✓ Quadratisches (möglichst farbiges) Papier
- ✓ Mehrere gröbere Schnüre (zB Makramee-Garn oder geflochtene dickere Wolle)

Schritt für Schritt Bastelanleitung:

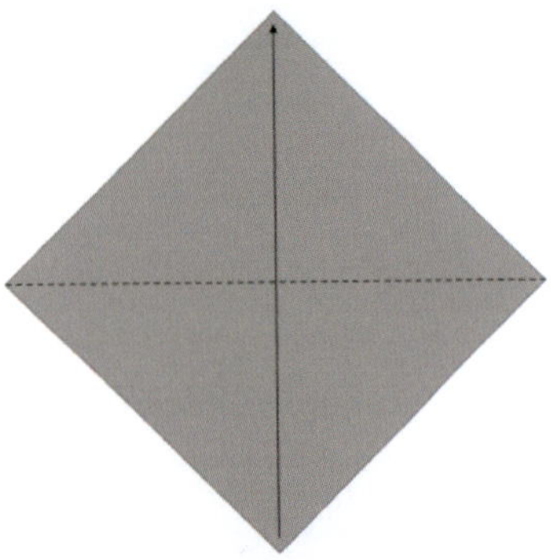	Zuerst wird ein quadratisches Blatt Papier benötigt Dabei spielt es keine Rolle, ob man ein farbiges Blatt A4 zurechtschneidet oder spezielles Origami Papier verwendet. Dieses Blatt wird nun mit der Spitze nach oben bzw unten vor sich hingelegt und über die lange Diagonale zu einem Dreieck gefaltet.
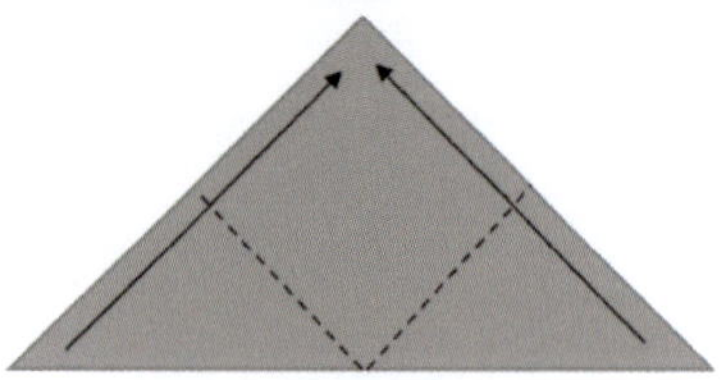	Die beiden äußeren Ecken werden zur oberen Spitze hin gefaltet Es entsteht erneut ein Quadrat.
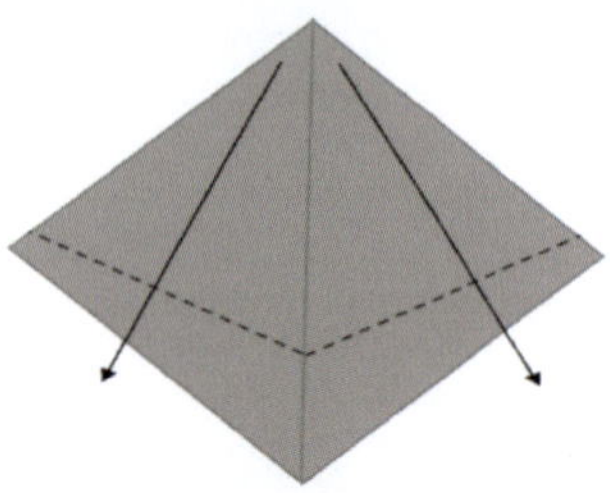	Nun werden die beiden Spitzen, die nach dem vorherigen Schritt nach oben gerichtet sind, erneut nach unten gefaltet Die äußere Kante sollte etwa senkrecht ausfallen.
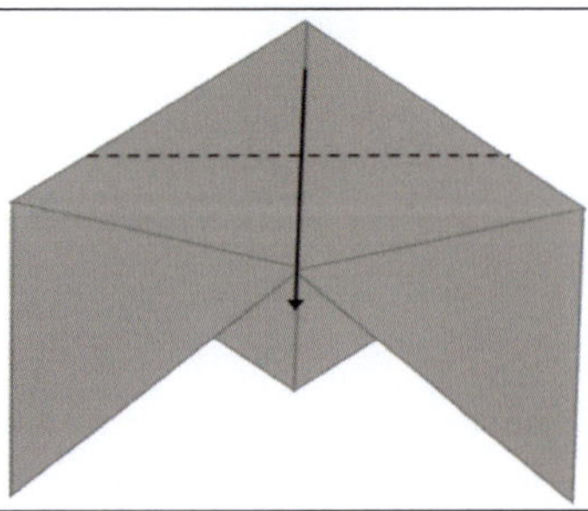	Nun wird die vordere obere Ecke so nach unten geknickt, dass diese die anderen Falten leicht überdeckt.

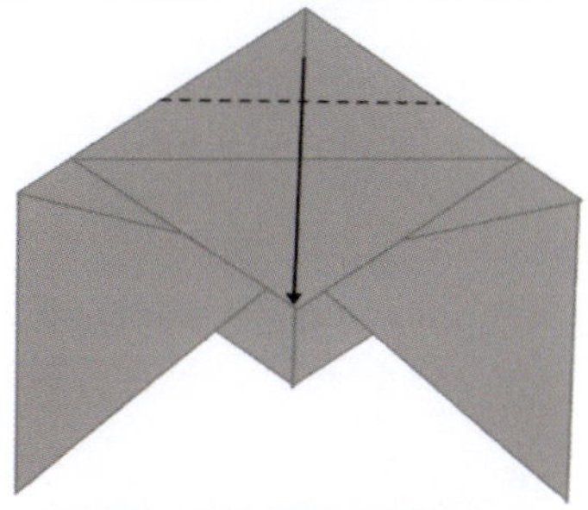	Auch die hintere obere Spitze wird nach unten ausgerichtet Allerdings erfolgt die Falte ein wenig weiter oben, sodass eine leichte Stufe entsteht.
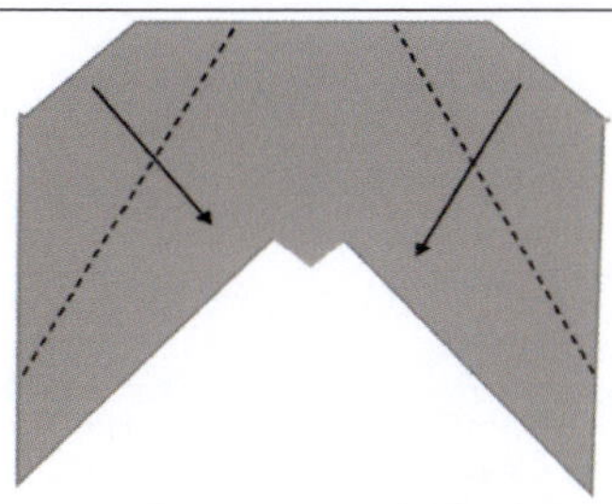	Die Außenkanten der Flügel werden nun Richtung Zentrum zusammengefaltet Die zu Beginn schräg nach außen verlaufenden Kanten berühren sich daraufhin im Zentrum.
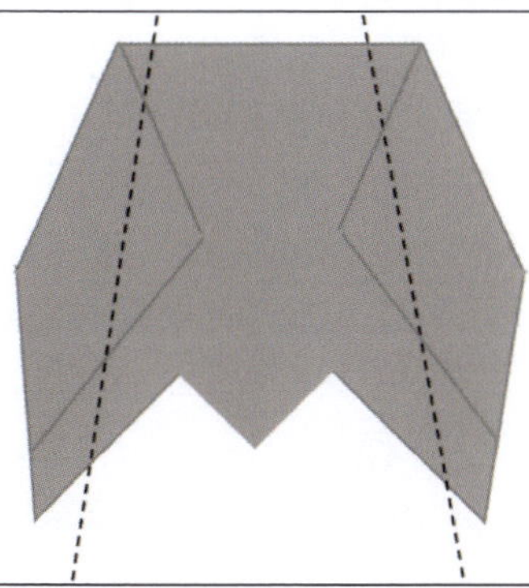	Bevor diese beiden Ecken nun am Körper der Fliege festgeklebt werden, wird eine Schnur (diese sollte nicht zu schmal sein) in der Mitte hindurch gefädelt Die Öffnung zeig nach unten, sodass die Fliege am Kopfende aufgehangen werden kann.

Vorgehensweise:

1. Je nach Alter und Fähigkeiten der Kinder werden die Fliegen zuvor oder gemeinsam nach Anleitung vorbereitet.
2. Nun werden die Fliegen nebeneinander aufgehangen. Wichtig ist, dass sie die gleiche Entfernung zum Ziel haben.
3. Auf ein Startzeichen hin, müssen die Kinder versuchen so schnell wie möglich die Fliege ans Ziel zu bewegen Dies gelingt ihnen, indem sie im Wechsel, an den nach unten geöffneten Schnüren ziehen.

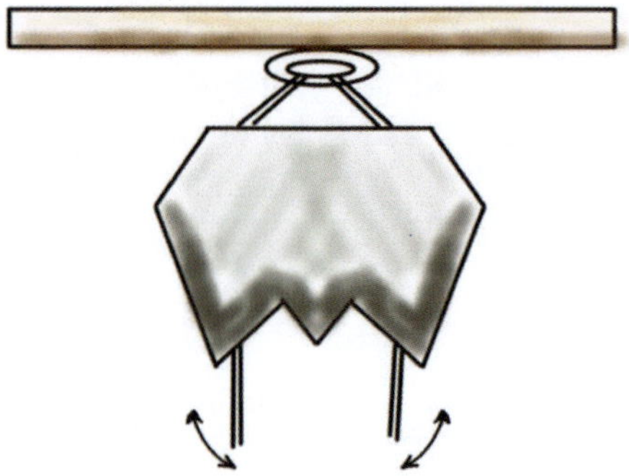

Hinweise:

- ✓ *Sollten die Kinder zu jung oder noch nicht die Fähigkeiten besitzen, diese Faltanleitung gemeinsam mit den Aufsichtspersonen umzusetzen, ist es sinnvoll, die Fliegen vorzubereiten und die Kinder diese dann aussuchen zu lassen Dies verhindert Frust und Konkurrenz.*
- ✓ *Natürlich handelt es sich bei dieser Aufgabe um einen kleinen Wettbewerb Achte jedoch darauf, dass sich das Kind, welches zuletzt im Ziel ankommt, nicht schlecht fühlt Am besten ist eine mehrfache Betonung, dass es sich um ein Teamspiel handelt, bei dem nur wichtig ist, dass alle ins Ziel kommen Gegenseitige Unterstützung ist erlaubt und erwünscht Dies steigert den Zusammenhalt und das Teamgefühl.*
- ✓ *Die zurückzulegende Strecke sollte nicht zu lang ausfallen Eine kurze Strecke von 20, bis 30 cm reicht vollkommen aus, sodass die Kinder nicht an dieser Station ermüden und keine Lust mehr empfinden.*

Station 7
Der Schatz

Kommen wir nun zur letzten und wichtigsten Herausforderung unserer Schnitzeljagd – der Schatz!

> Ich freue mich, euch alle nun Mitglieder meines neuen Stammes nennen zu dürfen Ihr habt eure Aufgaben ganz toll gemeistert.
>
> Damit auch jeder erkennt, dass ihr Stammesmitglieder seid, habe ich einen Schatz für euch versteckt Wollt ihr wissen, was darin verbogen liegt?
>
> Dann verliert keine Zeit und beginnt gleich mit der Suche.
>
> Ein kleiner Tipp von mir: Der Schatz befindet sich in einer kleinen Truhe Möglicherweise steht auch schon einer unbewusst vor ihm?
>
> Viel Spaß beim Suchen!

Was wird benötigt?

- ✓ Eine Schachtel
- ✓ Eine Überraschung
- ✓ Urkunden

Vorgehensweise:

1. Gern darf die Schachtel bunt bemalt, beklebt oder anderweitig dekoriert werden Diese sollte groß genug sein, dass alle Überraschungen mühelos hineinpassen
2. Jede Urkunde wird mit dem Namen des Kindes und einem verliehenen Indianernamen bestückt Dieser wird per Los entschieden.

3· Hierfür werden zwei größere Schachteln oder Vasen benötigt In dem ersten Behälter befinden sich Lose mit Adjektiven, während im zweiten Behälter Substantive versteckt sind Eine Auswahl findest du auf der nächsten Seite.

Was könnte in dieser Truhe platziert werden?

Süßigkeiten (Goldtaler, Bonbons usw) 	Ein kleines Getränk 
Ein kleines Spielzeug (Minispiele, Figuren, Minibücher usw) 	Die Urkunden 

Wo könnte der Schatz versteckt werden?

- ✓ Im Wald bieten sich natürlich unzählige Möglichkeiten:
- ✓ Hinter/ auf einem Stein
- ✓ Unter einem Busch
- ✓ An einem Baum (möglichst in Kopfhöhe) befestigt
- ✓ Auf einem Spielplatz bestehen weitere vielfältige Möglichkeiten:
- ✓ Verbuddelt in einem Sandkasten (sodass nur noch eine kleine Spitze zu sehen ist oder man gibt gezielt diesen Ort vor und verteilt Werkzeuge, wie Schaufeln an die Kinder).
- ✓ In einem Spielgerät versteckt.

Möglichkeiten zur Namensgebung:

Adjektive	Substantive
Große(r)	Bär/ Tiger/ Wolf/ Adler
Starke(r)	Licht/Schatten
Rote(r)/...	Sonne/ Stern
Schnelle(r)	Auge/ Ohr/ Hand
Stille(r)	Pfeil/ Axt/ Speer
Helle(r)/ dunkle(r)	Baum/ Berg/ Fels
Spitze(r)	Donner/ Blitz/ Sonne/ Regenbogen
Springende(r)/ Sprudelnde(r)	

Hinweise:

- ✓ Um Frustration und Ungeduld zu vermeiden, sollte der Schatz in einem abgesteckten Bereich versteckt sein Dieser Bereich wird zu Beginn der Station erläutert Dies kann zB. der Sandkasten oder die Eingrenzung durch markierte Gegenstände/ Pflanzen etc.
- ✓ Der Bereich sollte nur so groß ausfallen, dass alle Kinder mühelos beaufsichtigt werden können.
- ✓ Verletzungsgefahren durch hohe Spielgeräte oder in Straßennähe oä sollten ausgeschlossen sein und ggf durch eine weitere Aufsichtsperson reduziert werden.

Bonus
Die perfekte Party

Nun möchte ich dir noch ein paar weitere Ideen mit auf den Weg geben, damit deine Indianerparty perfekt wird.

Dekoration:

Hast du gewusst, dass du mit wenigen Handgriffen auch die Location passend zum Thema gestalten kann?

- ✓ *Wie wäre es mit kleinen Strohballen, die ihr als Sitzplatz und Tisch verwendet? Diese gibt es in der Regel günstig zu erwerben (meistens liegt der Preis zwischen 2 und 5 Euro pro Ballen) Fragt doch einfach bei einem nahegelegenen Bauern nach.*
- ✓ *Auch den Marterpfahl könnt ihr perfekt in Szene setzen Diese spielte bei vielen Indianerstämmen eine große Rolle und ist noch heute als Wahrzeichen bekannt.*
- ✓ *Auch ein Tipi ist bei Kindern meist sehr begehrt Das Grundgestell kannst du aus Ästen selbst gestalten Darüber spannst du eine große Decke. Lass in der Mitte ruhig ein Loch nach oben zurück Dieses diente einst dafür, dass der Rauch des Feuers abziehen konnte.*

Partyhighlights:

Habt ihr die Möglichkeit ein kleines Feuer zu machen? Dann nutzt doch die Möglichkeit und bereitet ein wenig Stockbrot vor.

Was wird hierfür benötigt?

400g Mehl
1 EL Zucker
300 ml Milch
1 P Trockenhefe
½ TL Salz
2 EL Öl

Jedes Kind benötigt außerdem einen ausreichend langen Stock. Entscheidend ist, dass dieser mit sicherem Abstand ins Feuer bzw. über die Glut gehalten werden kann.

Zubereitung:

Verknete die Zutaten gut miteinander und lass sie mindestens eine viertel Stunde gehen.

Danach kann es schon losgehen, verteile eine gleichmäßige, ca 10 cm lange Schicht Teig am vorderen Ende auf jedem Stock und lass die Kinder diesen mit möglichst genügend Abstand über die Flammen halten. Wenn das Brot goldbraun ist, sollte es kurz abgekühlt werden lassen

Achtung: Offenes Feuer birgt stets ein gewisses Verletzungsrisiko! Es ist unbedingt darauf zu achten, dass die Kinder nicht zu nahe an der Feuerstelle herumtollen oder sich anderweitig verbrennen Ein entsprechend langer Stock gibt genügend Abstandsmöglichkeit zum Feuer.

Musik und Tanz:

Lass die Kinder selbstständig Gegenstände suchen, mit denen sie musizieren können:

- ✓ z.B. in dem sie zwei Steine aneinander klopfen, über einen Grashalm blasen, eine Rassel mit kleinen Steinchen basteln usw. Geräusche können auch durch Stampfen, klatschen, pfeifen etc. ausgeübt werden

Dazu können nun auch Tänze oder einzelne Tanzbewegungen durch die Kinder vorgeschlagen werden Bei diesem Spiel ist Fantasie gefragt!

Spielzeuge:

Womit beschäftigen sich kleine Indianer am liebsten?

1. Der Speer

Was wird dafür benötigt?

- ✓ Jeweils ein langer, gerader Stock
- ✓ Filz

Vorgehensweise:

1. Als Pfeilspitze werden jeweils zwei Dreiecke aus Filz zugeschnitten und am Stock festgeklebt.

2. Gleiches wird mit dem hinteren Ende vorgenommen: Wickle ein bisschen Filz um den Stock herum. Arbeite dabei ein paar wild flatternde Fäden mit ein und befestige sie ebenfalls mit Kleber.

2. Der Bogen

Was wird benötigt?

- ✓ 1 biegsamer Ast (zB frische Weide)
- ✓ Eine Schnur
  (Achtung: Angelsehne kann zwar am besten gespannt werden, schneidet jedoch auch am schnellsten in die kleinen Kinderhände ein) zB Leder

Vorgehensweise:

1. Ritze an jedem Ende des Stockes eine Kerbe ein.
2. Fädle nun die Schnur hindurch und verknote sie ausreichend.
3. Nun biegst du den Ast so weit wie möglich (ohne, dass dieser bricht) und verknotest die Schnur am anderen Ende Nutze auch hierfür die vorbereitete Kerbe.

3. Das Steckenpferd

Was wird benötigt?

- ✓ Je eine (große) Socke
- ✓ Watte und Wollreste
- ✓ 1 Ast
- ✓ Knöpfe

Vorgehensweise:

1. Fülle zunächst die Socke großzügig mit Watte. Das offene Ende verknotest du fest mit dem Stock.
2. Nun nutzt du Wollreste zum Aufkleben der Mähne Alternativ kannst du diese auch mit Nadel und Faden befestigen Dadurch hält sie noch besser.
3. Um das Maul bindest du ebenfalls großzügig Wolle (du kannst hierfür natürlich auch andere Fäden verwenden Sie sollten jedoch nicht zu dünn sein) Am Kinn verknotet, führen nun die Zügel hinter dem Kopf entlang.
4. Die Nasenlöcher und die Augen werden durch Knöpfe gestaltet.

Dein persönliches Onlinecoaching

Durch das Buch erhältst du zusätzlich Zugang zu einem gratis Online-Coaching. Solltest du Fragen haben oder Tipps benötigen, kannst du mich jederzeit kontaktieren Deine konkreten Fragen kannst du sehr gerne an folgende E-Mail-Adresse adressieren:

bkwmmedia@gmailcom

Ich werde mich persönlich unverzüglich um dein Anliegen kümmern und dir zeitnah und völlig kostenlos mit Rat und Tat zur Seite stehen.

Impressum

Emma Binder

Wird vertreten durch

Auftun Media
Haldenweg 12/1
89155 Erbach

Erscheinungsjahr des Buches: 2021

Bildquellen: canvacom, icons8de

Printed in Germany
by Amazon Distribution
GmbH, Leipzig

26741900R00025